Teddybären
selbst machen

Zuschneiden
Nähen
Ausstopfen

Ingrid Standhaft

Teddybären
selbst machen

Bechtermünz

Bildnachweis und Dank

Alle Abbildungen für dieses Buch wurden von WÜST Fotografie, Jürgen Wüchner und Oliver Standhaft, Fürth, aufgenommen. Die Schnittmuster fertigte Thomas Standhaft, Schwabach, an.
Ein herzliches Dankeschön gilt dem Museum der Deutschen Spielzeugindustrie in Neustadt bei Coburg. Hier wurden die Abbildungen 76, 77 und 78 aufgenommen.

Hinweis

Wer Tips zur Materialbeschaffung haben möchte, bei wem trotz der guten Anleitungen noch offene Fragen bestehen oder wer einfach nur an einem Erfahrungsaustausch interessiert ist, kann mir sehr gerne schreiben. Meine Adresse:

Ingrid Standhaft
Baumzeile 1
91126 Schwabach

Genehmigte Lizenzausgabe für
Verlagsgruppe Weltbild GmbH, Augsburg
Copyright © 1994 by Verlag D. W. Callwey GmbH & Co. München
Umschlaggestaltung: DYADEsign, Andrea Kuckelhorn, Düsseldorf
Gesamtherstellung: Neue Stalling, Oldenburg

Printed in Germany

ISBN 3-8289-2407-7

2005 2004 2003 2002
Die letzte Jahreszahl gibt die aktuelle Lizenzausgabe an.

INHALT

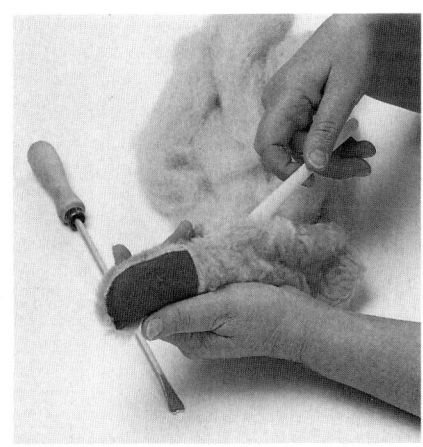

7 Hier also entstehen
die treuen Begleiter.

EINLEITUNG

Seit fast einem Jahrhundert ist der Teddybär ein treuer Weggefährte durch unzählige Kindheiten und – natürlich – auch Erwachsenenleben.

Seine Geschichte begann in den USA, als Präsident Theodore Roosevelt, ein passionierter Bärenjäger, ihn zu seinem Maskottchen erkor. Es gibt verschiedene Versionen, wie es dazu kam. Wahrscheinlich war es so, daß sich der Präsident während einer Bärenjagd weigerte, einen für ihn an den Baum gebundenen Bären zu töten, nur um eine Trophäe vorweisen zu können. Die Presse berichtete ausführlich darüber und veröffentlichte auch Cartoons zu diesem Thema.

Das Ehepaar Michton stellte daraufhin in seinem Schreibwarengeschäft selbstgemachte Bären aus und hatte sofort großen Erfolg. Das war im Jahre 1903. Vom Präsidenten erhielten sie die Erlaubnis, die in ihrer inzwischen gegründeten Firma hergestellten Bären »Teddy's Bären« zu nennen. Nach Theodore (Teddy) Roosevelt war der Name für ein geliebtes Kuscheltier gefunden.

Zur gleichen Zeit wurden in Deutschland von Margarete Steiff, die an Kinderlähmung erkrankt war, Stofftiere hergestellt. Auf der Leipziger Messe 1903 zeigte sie einen beweglichen kleinen Bären aus Mohairstoff. Ein begeisterter Amerikaner bestellte eine große Menge. Ein Teil dieser ersten Steiff-Bären sollen die Hochzeitstafel von Roosevelts Tochter geschmückt haben.
Von da an war der Siegeszug des Teddybären nicht mehr aufzuhalten. Viele Firmen nahmen die Produktion auf, kreierten und kopierten, so daß der Teddybär heute in vielen verschiedenen Formen die Herzen von Jung und Alt erobert.

Im Laufe der Zeit wurde es etwas stiller um den freundlichen Gesellen. In den siebziger Jahren jedoch ist die Sammelleidenschaft neu erwacht. Seit einigen Jahren werden für alte, gut erhaltene Bären hohe Preise erzielt. Jahrelang nicht beachtete Bären wurden aus den Schubladen und von den Dachböden geholt. In Erinnerung an die Kindheit mußten die Teddys repariert und restauriert werden, und niemand würde heute seinen Teddybären hergeben. Sogenannte »Bärenkliniken« entstanden, die speziellen Materialien kamen auf den Markt, und der Boom, Bären selber zu machen, nahm seinen Lauf.

Nachdem ich mehrere alte Bären restauriert hatte, u. a. auch die meiner beiden Söhne, begann ich selbst Bären herzustellen und meine Erfahrung in Kursen weiterzugeben. Meine Liebe gilt den klassischen fest gestopften Bären, wie sie in den zwanziger Jahren gemacht wurden. Sie haben lange, leicht gebogene Arme, ziemlich große Füße und einen geraden Rücken mit dem typischen Buckel.

Mit diesem Buch sollen alle Bärenfreunde angeregt werden, sich *ihren* Teddybären zu machen. Wer im Nähen geübt ist und etwas Geduld aufbringt, sollte es wagen. Ich bin gerne bereit, Rat und Auskunft bei anfallenden Fragen zu geben.

Ingrid Standhaft,
Schwabach bei Nürnberg

8 Dieses Material benötigt man für die Herstellung eines Bären.

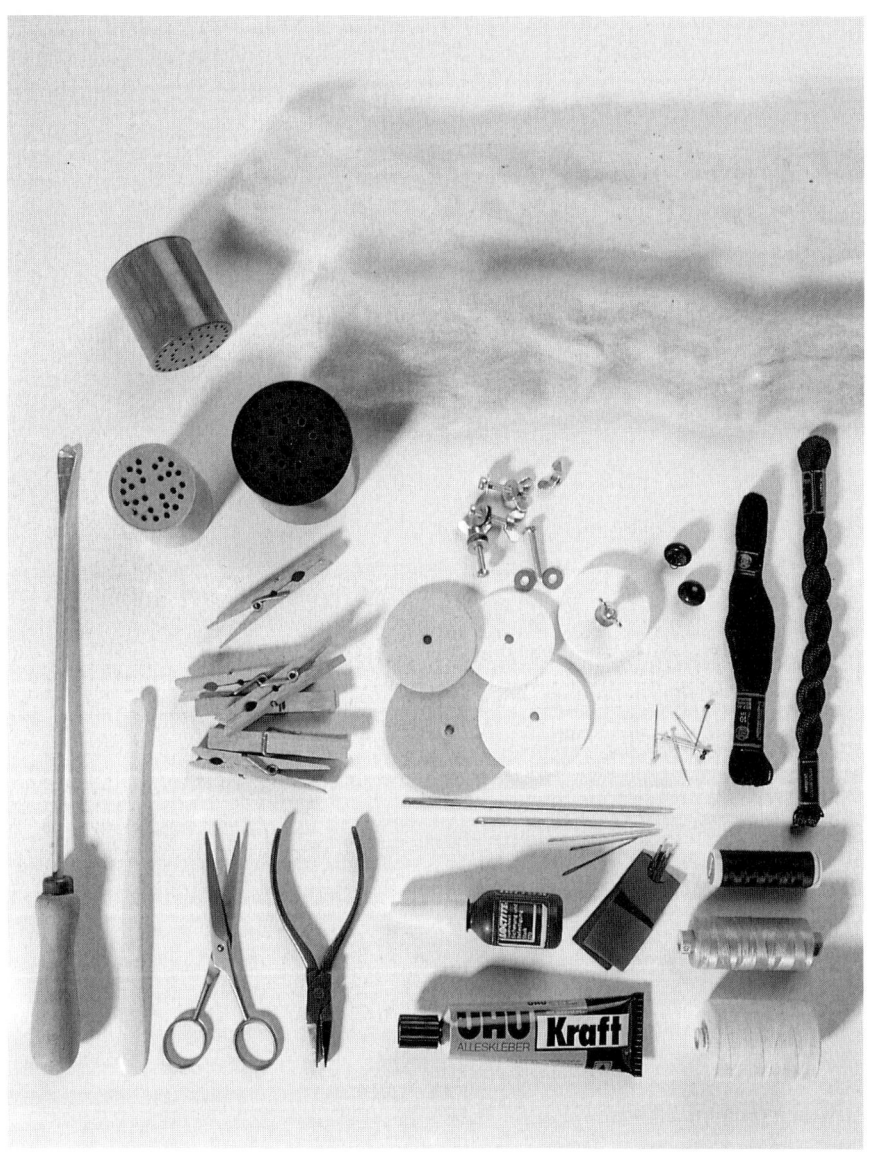

Die Wahl ist auf einen Bären in einer bestimmten Größe gefallen? Dann sollte folgendes Material bereit sein bzw. besorgt werden (s. Abb. 8):

- Nähmaschine
- zum Stoff passender Nähfaden
- spitze Schere
- Näh- und Stecknadeln
- Polsternadel oder eine sehr lange Stopfnadel (zwischen 12 cm für den kleinen und 20 cm für den großen Bären)
- Heftgarn
- reißfestes Garn
- spezielles Stopfwerkzeug oder ein alter Schraubenzieher
- 6 Wäscheklammern
- Kraftkleber
- Schraubensicherungskleber
- Flachzange
- 5 Gelenkscheibensätze aus Hartpappe oder Kunststoff
- 5 Schraubensätze, jeweils bestehend aus einer Gewindeschraube M4, 20–30 mm lang, zwei Unterlegscheiben und einer Flügelmutter
- für die Nase schwarzes oder dunkelbraunes Perlgarn oder Sticktwist.

Die *Glasaugen* sollten je nach Größe des Bären zwischen 8 und 16 mm betragen und mit einer Drahtschlaufe versehen sein. Sie bekommen sie in verschiedenen Farben. Manchmal hat man auch das Glück, auf Antik-, Puppen- oder Spielzeugbörsen alte Augen, wie die sogenannten Schuhknopfaugen, zu erstehen. Wird der Teddybär für ein Kleinkind gearbeitet, sollten gesicherte Plastikaugen verwendet werden, die jedoch nicht so brillant sind.

Als *Füllmaterial* verwende ich am liebsten gewaschene Schafwolle oder eine feste Synthetikfaser, die es in Endlossträngen im Bastelbereich gibt. Für den großen Bären wird etwa 1 kg benötigt (s. Abb. 12).

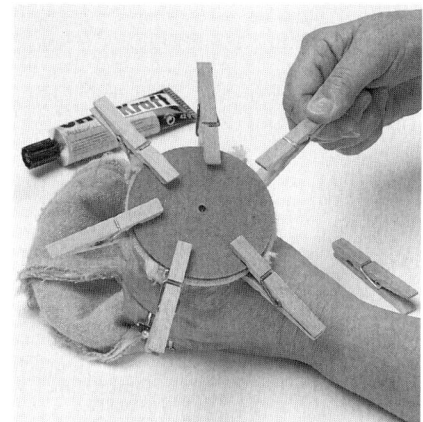

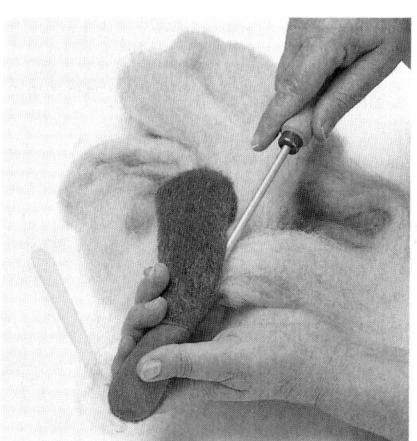

10 Dies sind die Plastikaugen mit Sicherungsring.

12 Gut zu erkennen ist die Stopfwolle, die als Endlosstrang leicht zu verarbeiten ist.

13 Die verschiedenen Bärenstoffe liegen meist 140 cm breit.

14 Die Pfoten- und Sohlenstoffe sollten mit dem »Fell« farblich gut harmonieren.

Für das *Bärenfell* bieten sich folgende Stoffe an (s. Abb. 13):
– Gewebter Mohairplüsch in verschiedener Florlänge
– Baumwollplüsch gewirkt
– Lamawollstoff gewirkt

Gut sortierte Hobby- und Bastelabteilungen und spezialisierte »Bärenkliniken« führen diese Stoffe als Meterware. Den glatten Lamawollstoff bekommt man in Stoffgeschäften. Für die Innenflächen der Pfoten und für die Fußsohlen nimmt man einen farblich passenden Stoff (vgl. Abb. 14). Geeignet sind ein starker Baumwollstoff, ein fest gewebter Wollstoff, starker Filz, mit aufbügelbarer Vlieseline verstärkt, feines Leder, Samt oder auch die rechte Seite des Mohairplüsches, nachdem der Flor mit einer Schere gestutzt wurde.

Bei der Auswahl des Stoffes für den Bären ist zu beachten, daß sich ein gewebter Stoff leichter nähen läßt und beim Stopfen die genähte Form besser behält als ein gewirkter Stoff oder lose gewebtes Material.

Material für die Bären

Großer Bär (ca. 60 cm):

Für den großen Bären benötigt man 50 cm Stoff bei einer Breite von 140 cm und etwa 1000 g Füllwatte oder Wolle. Die Augengröße wählen Sie nach Belieben zwischen 14 und 16 mm Durchmesser; für die Gelenke braucht man für Beine und Kopf sechs Scheiben mit 8 cm Durchmesser und für die Arme vier Stück mit 6,5 cm Durchmesser. Für diesen Bären kann eine größere Brummstimme verwendet werden. Als Stoff eignet sich gut ein langhaariger oder lockiger Plüsch.

Mittelgroßer Bär (ca. 45 cm):

Für die mittlere Größe sollten Sie die Stoffmenge von 35×140 cm zuschneiden. Außerdem liegen bereit: 800 g Füllmaterial, Glasaugen von 10 mm Durchmesser, sechs Gelenkscheiben mit 5,5 cm und vier mit 5 cm Durchmesser. Diesen Bären kann man mit einer kleineren Brummstimme ausstatten. Für diese beliebteste Größe sind alle Stoffarten gut geeignet.

Kleiner Bär (ca. 35 cm):

Für den kleinen Bären werden ein Stoffstück von 25×140 cm, 400 g Stopfmaterial, Glasaugen mit 8 mm Durchmesser und sechs Gelenkscheiben mit 5 cm und vier Scheiben mit 4 cm Durchmesser benötigt. Auch für diesen Bären sind alle Stoffarten gut geeignet.

15 Blaubärchen zeigt sich am liebsten mit einer karierten Fliege.

16 Den Strich des Plüsches stellt man am besten fest, indem man mit der flachen Hand in verschiede- nen Richtungen über den Stoff streicht. Der Pfeil auf dem Schnitt- muster zeigt die Strichrichtung an.

Schnittmuster mit Erläuterungen

Der in diesem Buch abgedruckte Ori- ginalschnitt (s. Seite 14–16) ent- spricht der Größe des kleinen Bären. Der Schnitt kann für den mittel- großen Bären auf 120% und für den großen Bären auf 165% in jedem Kopierladen vergrößert werden. Wird eine andere Größe gewählt, ist bei den Gelenkscheiben auf die ver- änderten Durchmesser zu achten. Als Faustregel gilt: Die Gelenkschei- be sollte um 1,5–2 cm kleiner sein als die »Armkugel« oder »Beinkugel« (s. Seite 23). Das gleiche gilt für die Kopf-Halsverbindung.

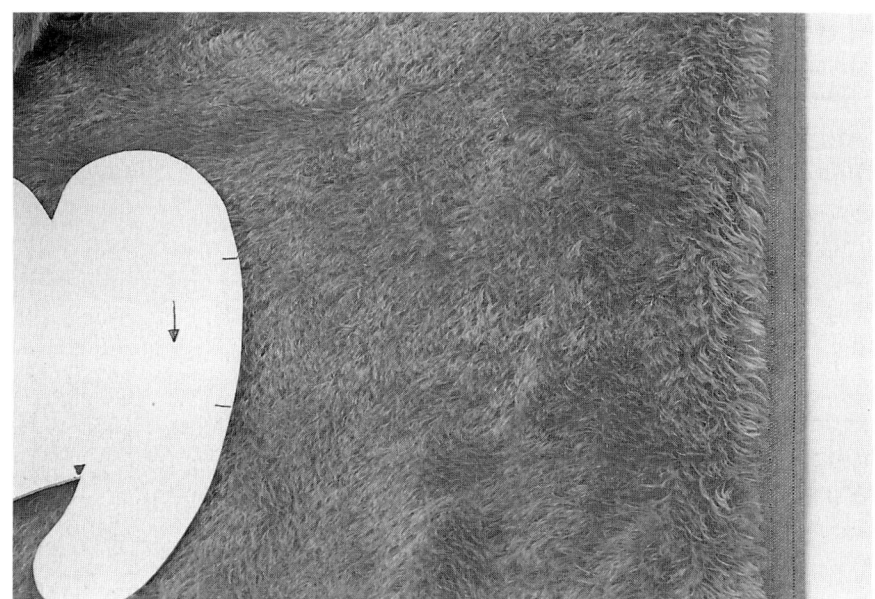

Schnittschema

Die Schnitteile, auch die gespiegel- ten, werden am besten mit allen Mar- kierungen auf einen festen Karton übertragen oder aufgeklebt und dann ausgeschnitten, um sie so leichter auf den Stoff aufzeichnen zu können. Es müssen 17 Teile sein für den Körperstoff und vier für Pfoten und Sohlen.

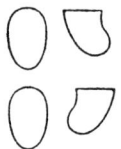

Pfoten- und Sohlenschnittschema

Vorschlag für eine günstige Anord- nung der 17 Schnitteile ▷▷

17 Das Übertragen
der Zeichen auf die
sorgfältig zugeschnit-
tenen Teile ist sehr
wichtig.

Übertragung der Schnitte auf den Stoff

Alle Schnitteile werden auf die linke
Seite des Stoffes gelegt, nachdem
vorher die Strichrichtung der Faser
festgestellt wurde. Die Teile werden
mit einem Kugelschreiber oder sehr
weichem Bleistift aufgezeichnet, wo-
bei zu beachten ist, daß eine Nahtzugabe von mindestens 0,5 cm erforder-
lich ist. Das Schema erinnert noch
mal an die spiegelverkehrten Teile!
Wichtig ist auch, daß alle Zeichen
auf die Stoffteile übertragen werden
(vgl. Seite 14–16). Sie helfen später
beim Nähen. Beim Ausschneiden
der Teile sollte die Nahtzugabe
gleichmäßig breit gehalten werden.

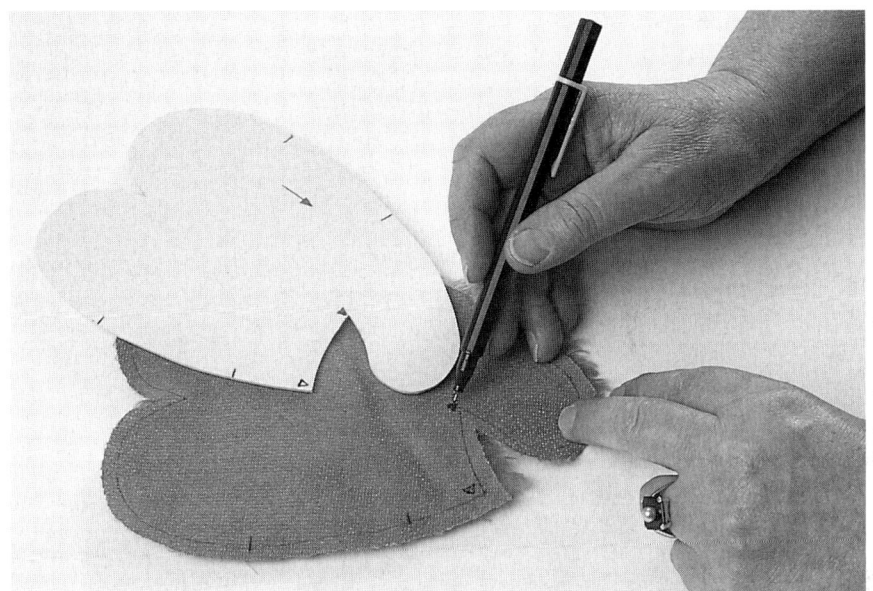

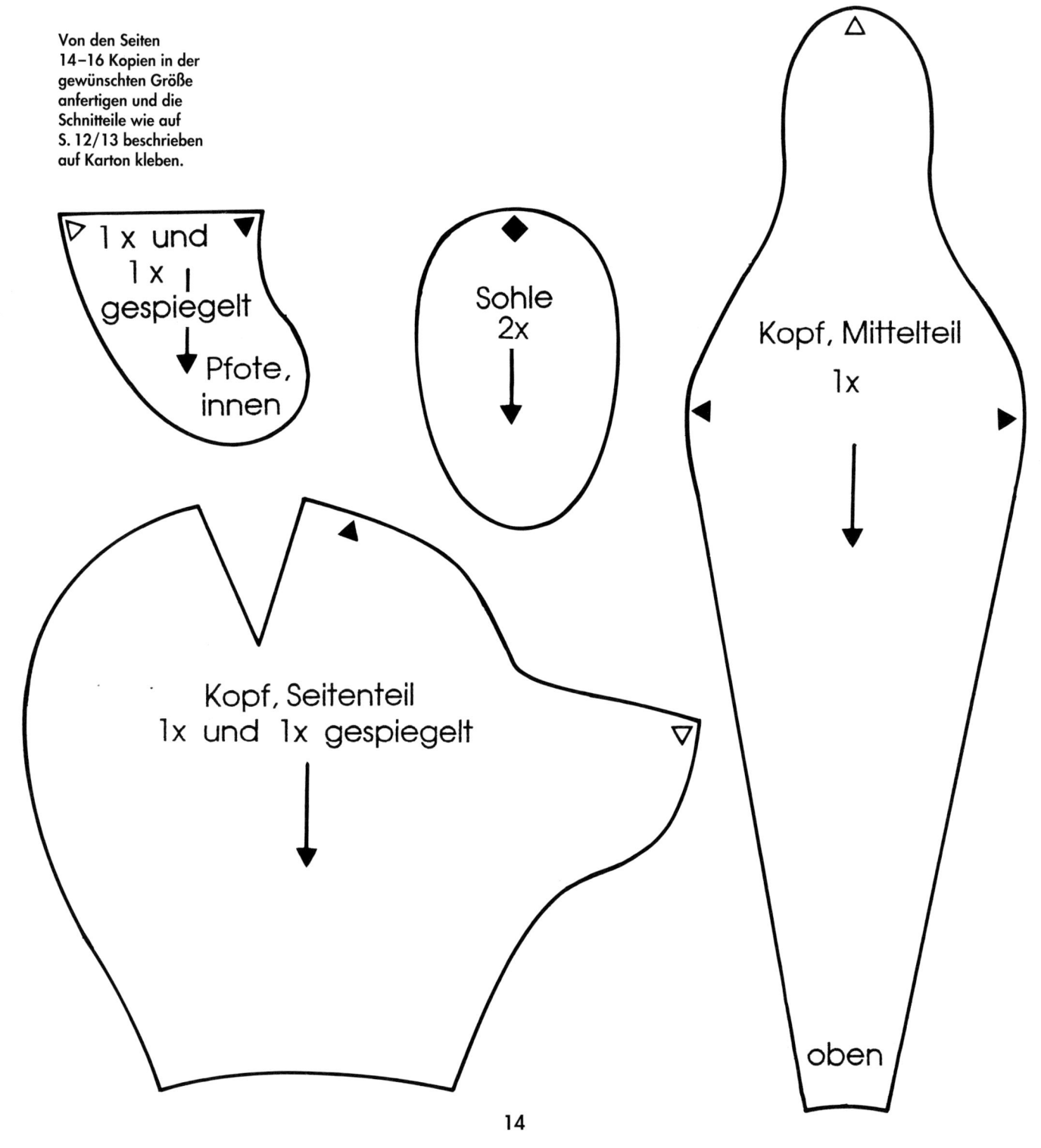

Von den Seiten
14–16 Kopien in der
gewünschten Größe
anfertigen und die
Schnitteile wie auf
S. 12/13 beschrieben
auf Karton kleben.

▽ 1 x und
1 x
gespiegelt
Pfote,
innen

◆ Sohle
2x

Kopf, Mittelteil
1x

Kopf, Seitenteil
1x und 1x gespiegelt

oben

14

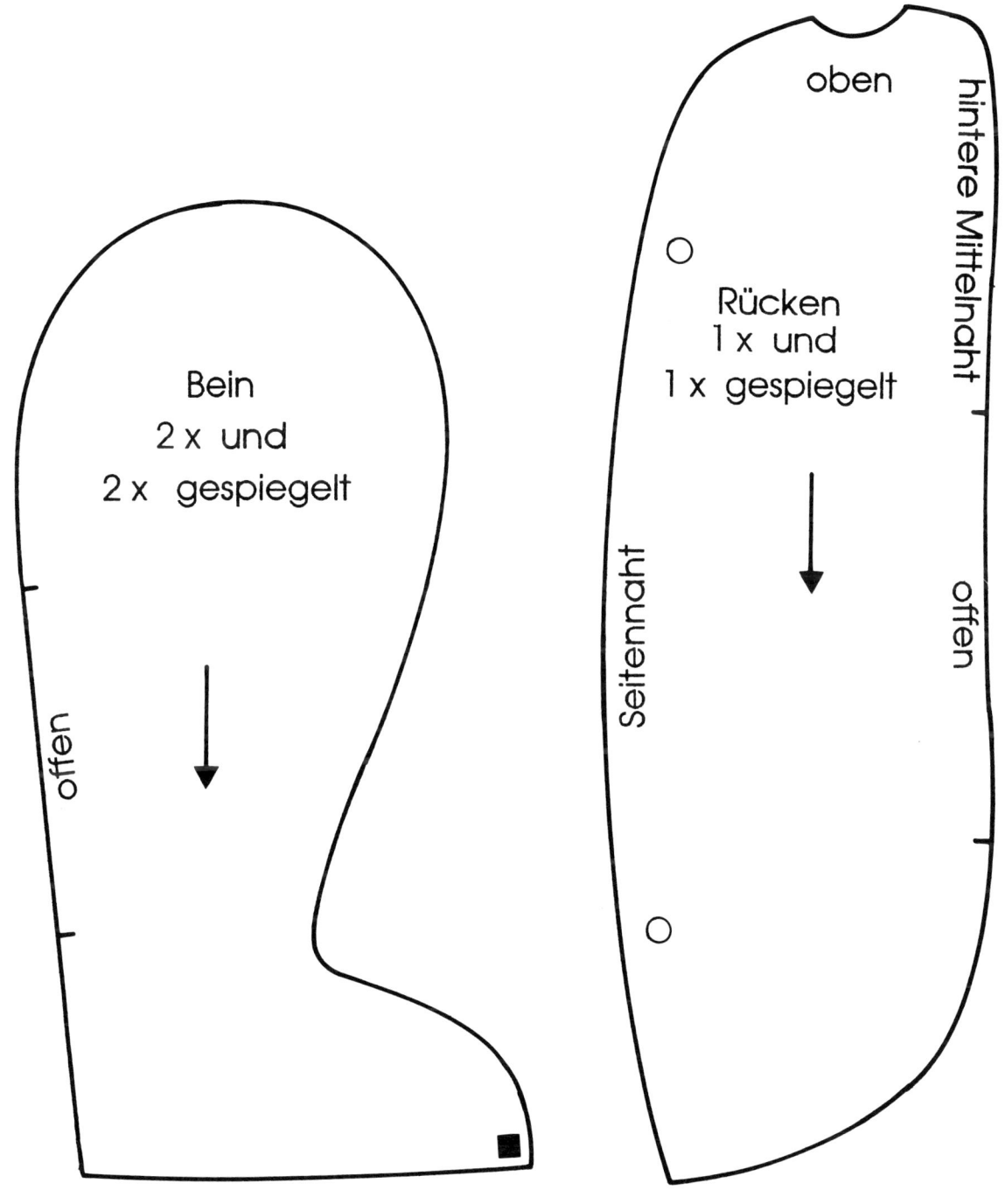

Bein
2 x und
2 x gespiegelt

offen

oben

hintere Mittelnaht

Rücken
1 x und
1 x gespiegelt

Seitennaht

offen

15

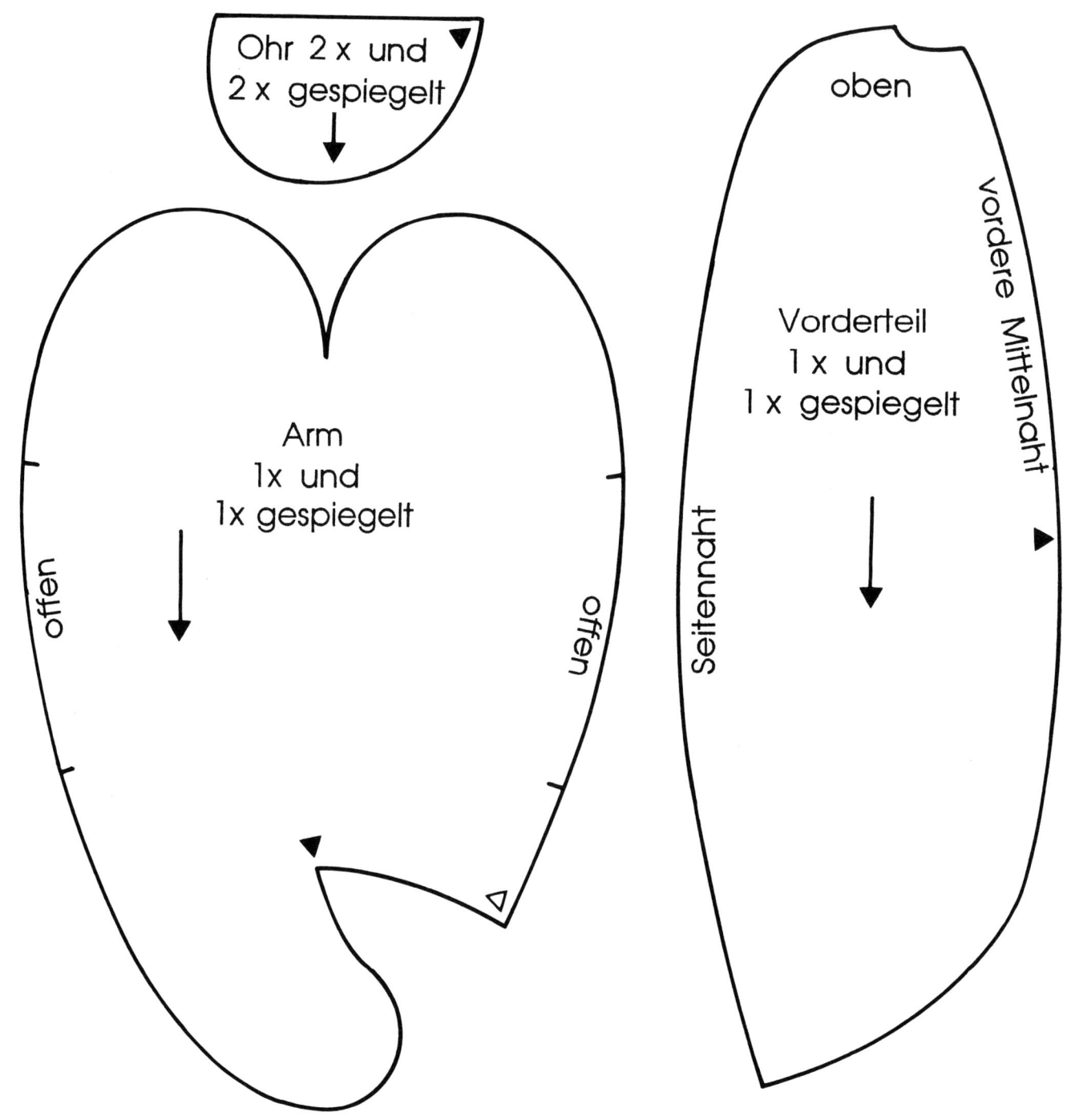

Ohr 2 x und
2 x gespiegelt

Arm
1x und
1x gespiegelt

offen

offen

oben

Vorderteil
1 x und
1 x gespiegelt

vordere Mittelnaht

Seitennaht

16

Vorbereitung der Teile

Als erstes werden alle Teile mit Zick-zackstich versäubert.
Zusammengenäht werden die Teile mit einem kleinen, schmalen Zick-zackstich und einem farblich passen-den Allesnähfaden. Bevor Sie die Maschinennähte ausführen, sollten alle Teile sorgfältig entlang der vorge-zeichneten Nähte geheftet werden, damit die Stoffstücke nicht verrut-schen können. Sie ersparen sich so beim Nähen manche Mühe.

Nähen

Zuerst wird der Abnäher an den bei-den Kopfteilen geschlossen.
Danach heften und nähen Sie die Kinnaht von △ bis zum Hals
(s. Abb. 18).

Nun das Mittelteil sehr genau von △ bis ▲ an die linke Kopfseite und dann an die rechte Kopfseite heften. Danach von ▲ aus beide Seiten bis zum Halsende heften. Wenn die Tei-le einwandfrei aufeinander liegen, kann die Maschinennaht ausgeführt werden (vgl. Abb. 19).

18 Die Kinnaht wird von der Schnauzen-spitze bis zum Hals genäht.

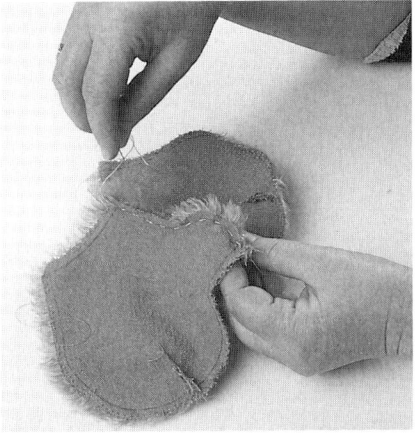

19 Das Mittelteil des Kopfes muß sehr ge-nau an die beiden Seitenteile geheftet und genäht werden.

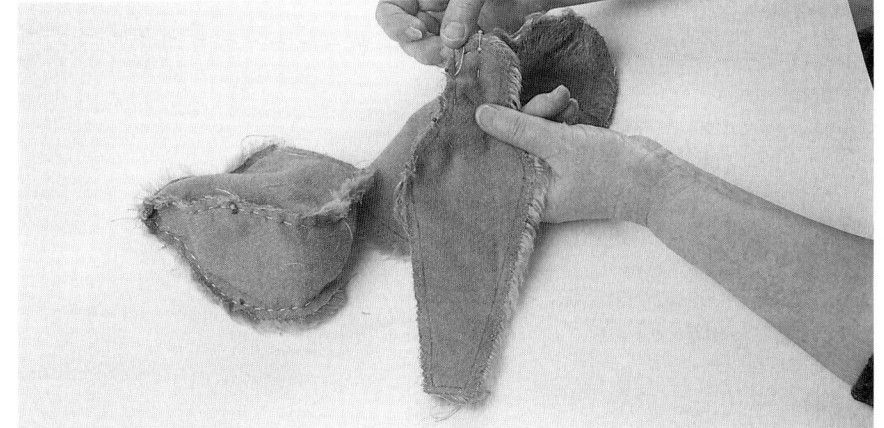

20 Die Ohren können nach Belieben auch kleiner genäht werden.

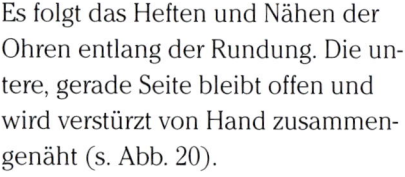

21 Beim Heften und Nähen der Rumpfteile sollte auch kontrolliert werden, ob die Markierungen für die Löcher der Gelenke gut sichtbar sind.

Es folgt das Heften und Nähen der Ohren entlang der Rundung. Die untere, gerade Seite bleibt offen und wird verstürzt von Hand zusammengenäht (s. Abb. 20).

Als nächstes werden die beiden Vorderteile mit ▲ auf ▲ geheftet und die Mittelnaht von der Halsöffnung bis zum Schritt gesetzt.

Nun die beiden Rückenteile an der hinteren Mittelnaht ebenso zusammennähen, dabei das mittlere Stück zum Füllen des Rumpfes offen lassen (Abbildung 21). Sind die Markierungspunkte ○ an der Seitennaht übertragen worden? An diesen Stellen müssen später kleine Löcher gebohrt werden, um die Gelenke zusammenfügen zu können.

22 Die »Kreuzung« der Nähte im Schritt sollte sehr exakt sein.

Vorder- und Rückenteil rechts auf rechts legen und die Seitennähte heften und nähen. Im Schritt sollten alle 4 Nähte genau aufeinander treffen (vgl. Abb. 22).

Je zwei Beinteile werden von ■ an der Fußspitze bis zur Ferse zusammengeheftet und genäht; dabei bleiben zum Füllen die rückwärtige Beinnaht in der Mitte und die Sohle unten offen. Anschließend wird die Sohle, beginnend bei ◆, in den Fuß eingesetzt (s. Abb. 23).

23 Beim Einsetzen der Sohle ist besonders sorgfältig zu heften und zu nähen.

19

24 Zuerst wird der Pfotenstoff an den Armzuschnitt genäht.

Beim Arm wird zuerst der Stoff der Pfoteninnenseite rechts auf rechts auf den Armzuschnitt gelegt, ▲ auf ▲ und △ auf △ geheftet und gerade von ▲ nach △ genäht (s. Abb. 24).

Der Pfotenstoff wird nach oben geklappt, eventuell muß der Armstoff in der Ecke etwas eingeschnitten werden. Dann wird der Arm wieder rechts auf rechts geheftet und anschließend genäht (vgl. Abb. 25).

25 Eventuell muß der Armstoff in der Ecke etwas eingeschnitten werden.

26 Beim Zusam-
mennähen der Arme
muß wieder sehr ge-
nau gearbeitet wer-
den, damit der Pfo-
tenstoff richtig erfaßt
wird.

An der Armaußenseite bleibt die Mitte zum Ausstopfen des Armes offen (s. Abb. 26).

Bis auf den Rumpf werden nun alle fertigen Teile gewendet und die Nähte sorgfältig ausgestrichen. Eventuell müssen noch restliche Heftfäden entfernt werden.

27 Die Befestigung mit Splinten bedarf einiger Übung. Hier sieht man das notwendige Material dazu.

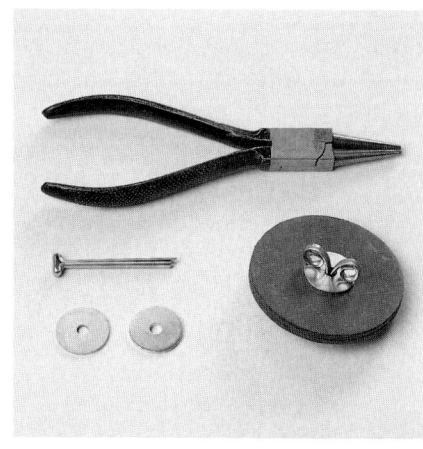

Für die nächsten Arbeitsschritte benötigt man die 6 großen, die 4 kleinen Scheiben, 5 Gewindeschrauben, 5 Flügelmuttern, 10 Unterlegscheiben und den Schraubensicherungskleber.

Mein Tip:

Bei den alten Bären hat man statt der Gewindeschraube mit Flügelmutter einen Splint verarbeitet. Mit etwas Übung gelingt das auch. Es ist die beste und stilvollste Art, die Gelenke zu montieren (s. Abb. 27).

28 Die Gelenkscheiben werden in die fertig genähten Arme bzw. Beine gesteckt.

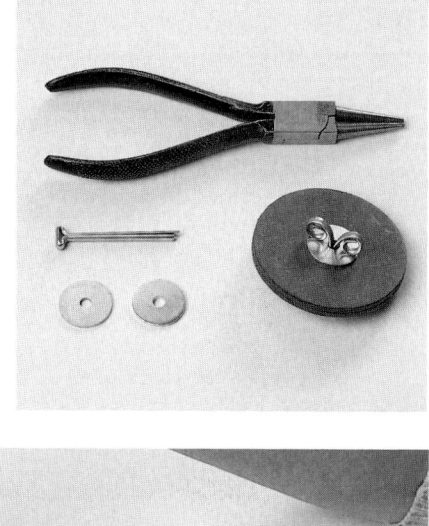

Die Gelenke

In jede Armöffnung steckt man eine kleine und in jede Beinöffnung eine große Gelenkscheibe, schiebt sie bis in die »Armkugel« bzw. »Beinkugel« (s. Abb. 28) hoch und markiert von außen jeweils an der Innenseite von Armen bzw. Beinen das Loch der Scheibe. Nun wird an diesem Punkt mit einer spitzen Schere der Stoff eingeknipst. Von innen wird jetzt jeweils eine Gewindeschraube mit aufgezogener Unterlegscheibe durch die Gelenkscheibe und das Loch im Stoff nach außen geführt und die Flügelmutter aufgeschraubt (s. die Abbildungen 28, 29 und 30).

23

30 Die Flügelmutter
wird zur Sicherheit
aufgeschraubt, damit
die Schraube beim
Stopfen fixiert ist.

31 Die innere Scheibe wird nur als Gegenstück zum Aufkleben der Halsgelenkscheibe benutzt und sollte auf keinen Fall mit festgeklebt werden.

Als nächstes sollten der Kraftkleber und die Wäscheklammern bereitliegen. In den Rumpf, der noch nicht auf rechts gewendet ist, wird eine große Gelenkscheibe gesteckt. Die Scheibe soll mittig unter der Halsöffnung liegen, und der Rumpf wird stramm wie ein Stopfpilz gehalten.

Nun wird der Stoff (und nur der Stoff!) über der Gelenkscheibe von außen (also die eigentliche Stoffinnenseite) mit dem Kraftkleber bestrichen (s. Abb. 31).

Darauf wird die letzte große Scheibe geklebt und beide Scheiben Loch auf Loch mit den Wäscheklammern fixiert. Wenn der Kleber getrocknet ist (ca. 1 Stunde Trockenzeit), werden die Klammern entfernt, die innere Scheibe herausgenommen und der Rumpf gewendet (vgl. Abb. 32).

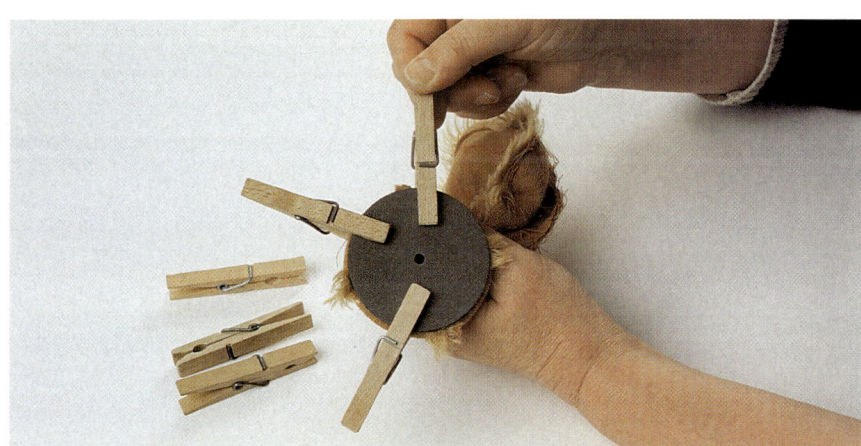

32 Die Wäscheklammern pressen die Scheibe auf den Stoff.

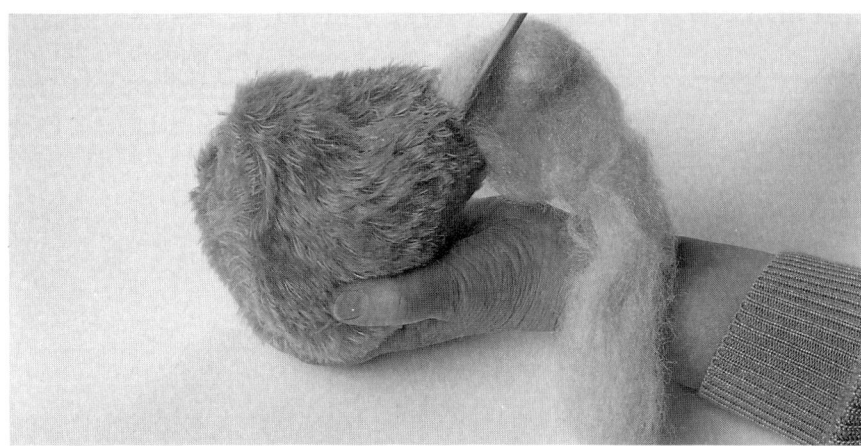

Der Kopf

Als nächstes wird der Kopf ausge-
stopft. Man fängt bei der Schnauze
an und füllt sie sehr fest. Dann folgt
der Oberkopf und schließlich stopft
man den ganzen Kopf ziemlich fest
aus (s. Abb. 33).

In die Halsöffnung wird die letzte
große Gelenkscheibe (Sie haben sie
gerade aus dem Rumpf des Bären
herausgenommen) mit Unterlegscheibe und Gewindeschraube geschoben (s. Abb. 34).

Der Stoff wird nun etwa 1 cm über
die Scheibe gezogen und mit reißfestem Garn über der Gelenkscheibe
zusammengenäht (vgl. Abb. 35).

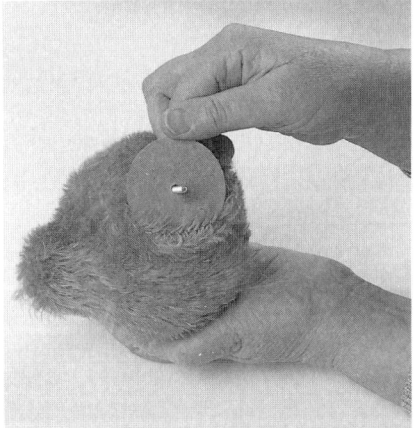

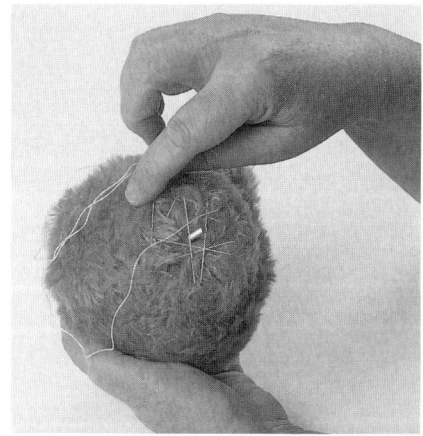

34 Nachdem der
Kopf in allen Berei-
chen sehr fest ge-
stopft ist, wird die
Gelenkscheibe in die
Halsöffnung gesteckt.
Eventuell muß der
Stoff am Halsrand et-
was eingeschnitten
werden.

35 Mit festem Garn
wird der Stoff über
der Scheibe zusam-
mengezogen.

Die Arme und Beine

Arme und Beine können nun gestopft werden. Dabei beginnt man bei den Spitzen von Pfoten und Sohlen. Die Glieder werden fest und gleichmäßig gefüllt, in den oberen Rundungen jedoch nur über der Gelenkscheibe. Wenn die Arm- und Beinöffnungen sorgfältig mit reißfestem Garn und Hohlstichen (s. Abb. 36) zugenäht sind, können die Flügelmuttern gelöst werden (vgl. Abb. 37).

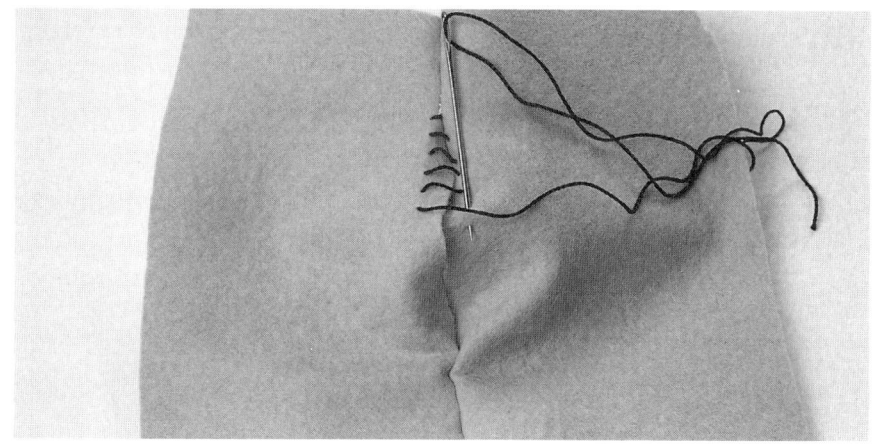

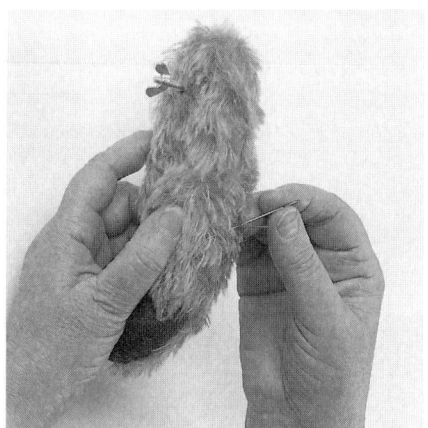

37 Die Flügelmuttern können nun an den Teilen gelöst werden.

38 Im Inneren des
Rumpfes werden die
Arme, Beine und der
Kopf mit den Gegen-
scheiben und den Flü-
gelmuttern zusam-
mengeschraubt.

Zusammensetzen des Körpers

An den vier Markierungen an den
Seitennähten im Inneren des Rumpfes knipst man mit einer spitzen
Schere vorsichtig den Stoff ein.
Durch diese Löcher werden von
außen die Gewindeschrauben der
Arme und Beine geführt; im Inneren
des Rumpfes wird eine zweite Scheibe mit Unterlegscheibe auf die
Schraube geschoben und alles mit
der Flügelmutter fest zusammengeschraubt (s. Abb. 38).

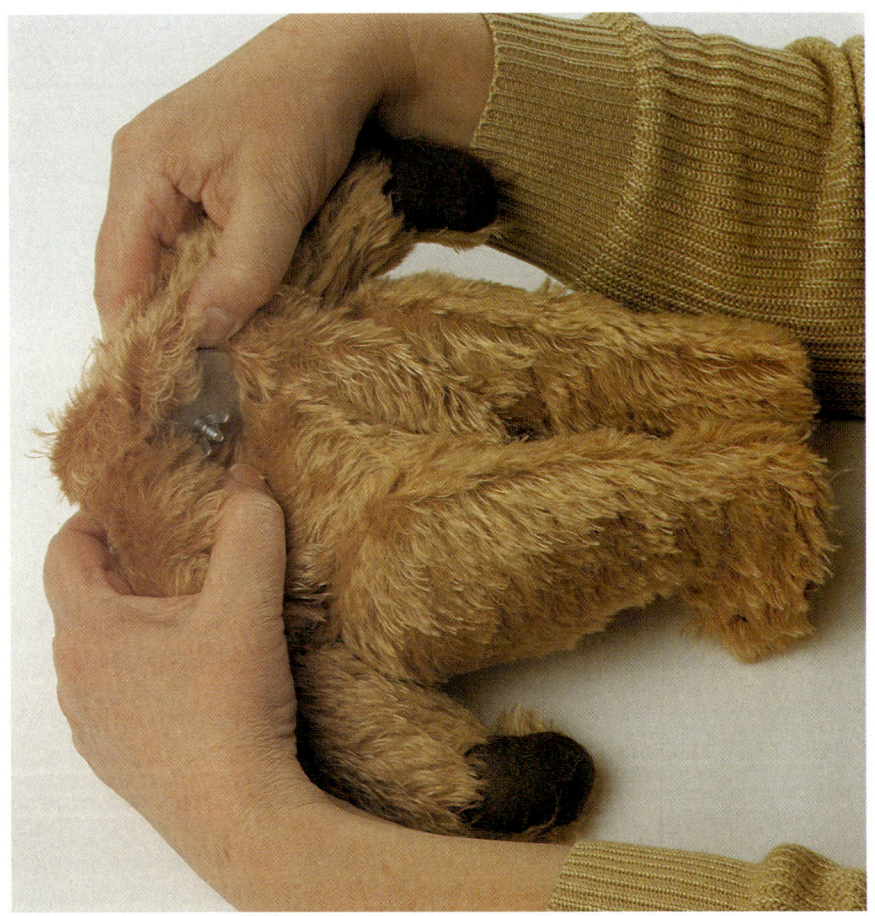

38 Im Inneren des Rumpfes werden die Arme, Beine und der Kopf mit den Gegenscheiben und den Flügelmuttern zusammengeschraubt.

Ein Tropfen Sicherungskleber sorgt
dafür, daß sich nichts lösen kann.
Auf die gleiche Weise wird der Kopf
befestigt (s. Abb. 39).

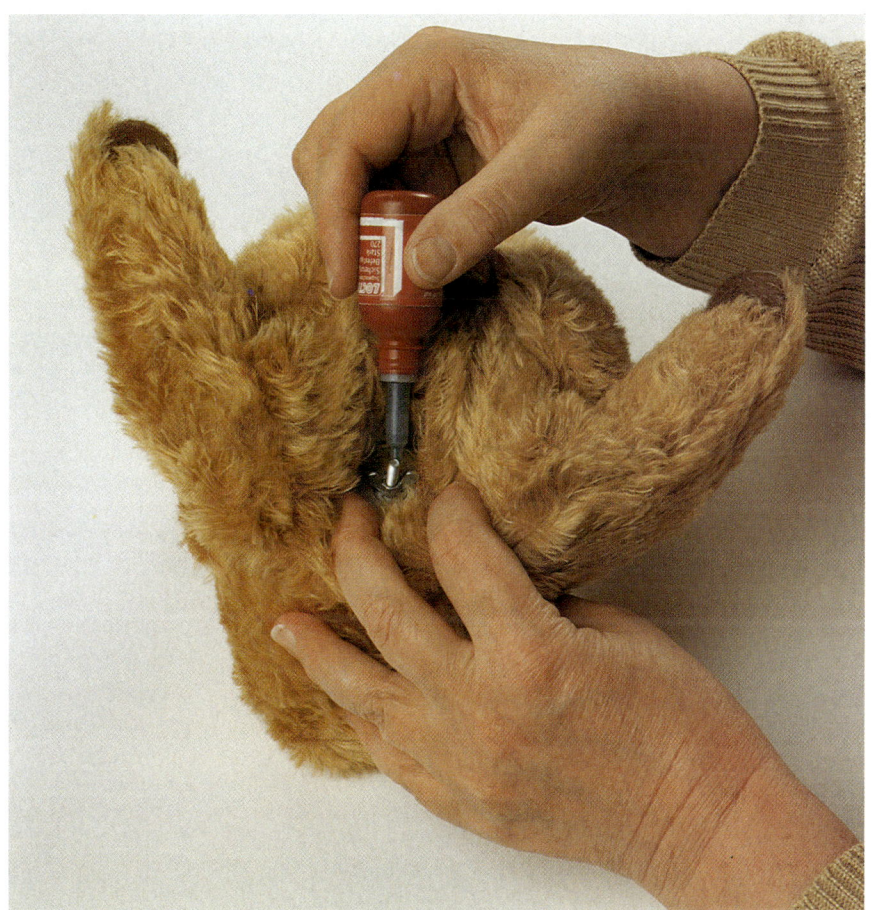

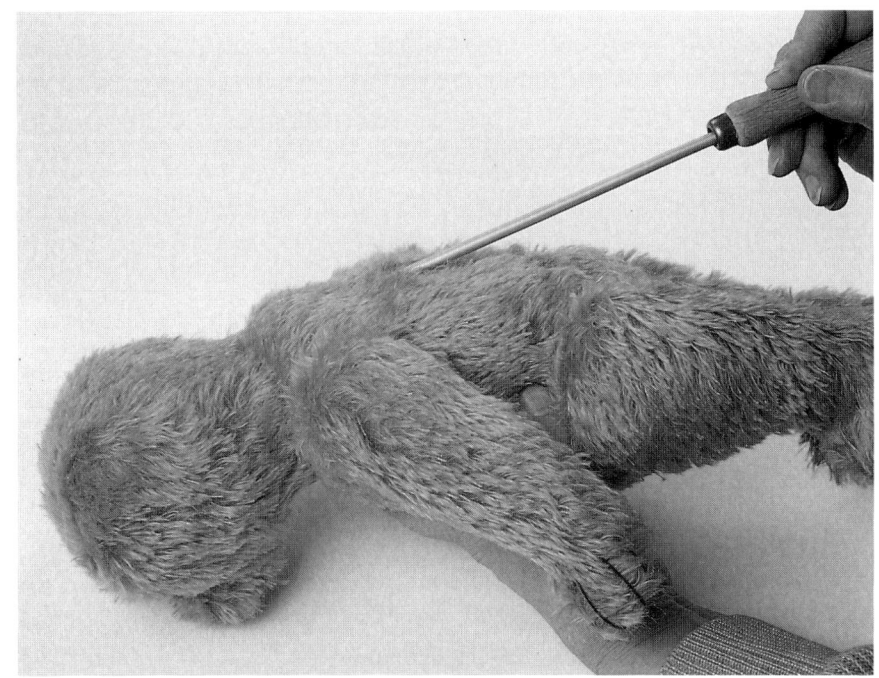

Ausstopfen des Rumpfes

Jetzt sind alle Teile fest mit dem
Rumpf verbunden, der nun gestopft
werden kann. Man fängt mit dem
Stopfen im unteren Bereich an und
füllt dann Schultern und Rücken; dabei sollte der typische »Bärenbuckel«
herausgearbeitet werden (s. Abb. 40).
Soll der Bär eine Brummstimme bekommen, muß die Bauchseite ausgepolstert werden. Die Stimme wird mit
den Löchern nach vorn, waagerecht
in den Bauch gelegt (s. Abb. 41). Die
Apparatur sollte auch zum Rücken
hin mit etwas Wolle gepolstert sein.
Die Rückenöffnung wird dann sorgfältig mit starkem Faden zugenäht.

Mein Tip:
Möchten Sie auch den kleinen Bären
zum Brummen bringen, kann die
kleinste Brummstimme senkrecht,
mit den Löchern nach unten in den
Körper eingelegt werden.

41 Beim Einsetzen der Brummstimme muß man aufpassen, daß die Unterseite, die nach oben zeigt, nicht eingedrückt wird.

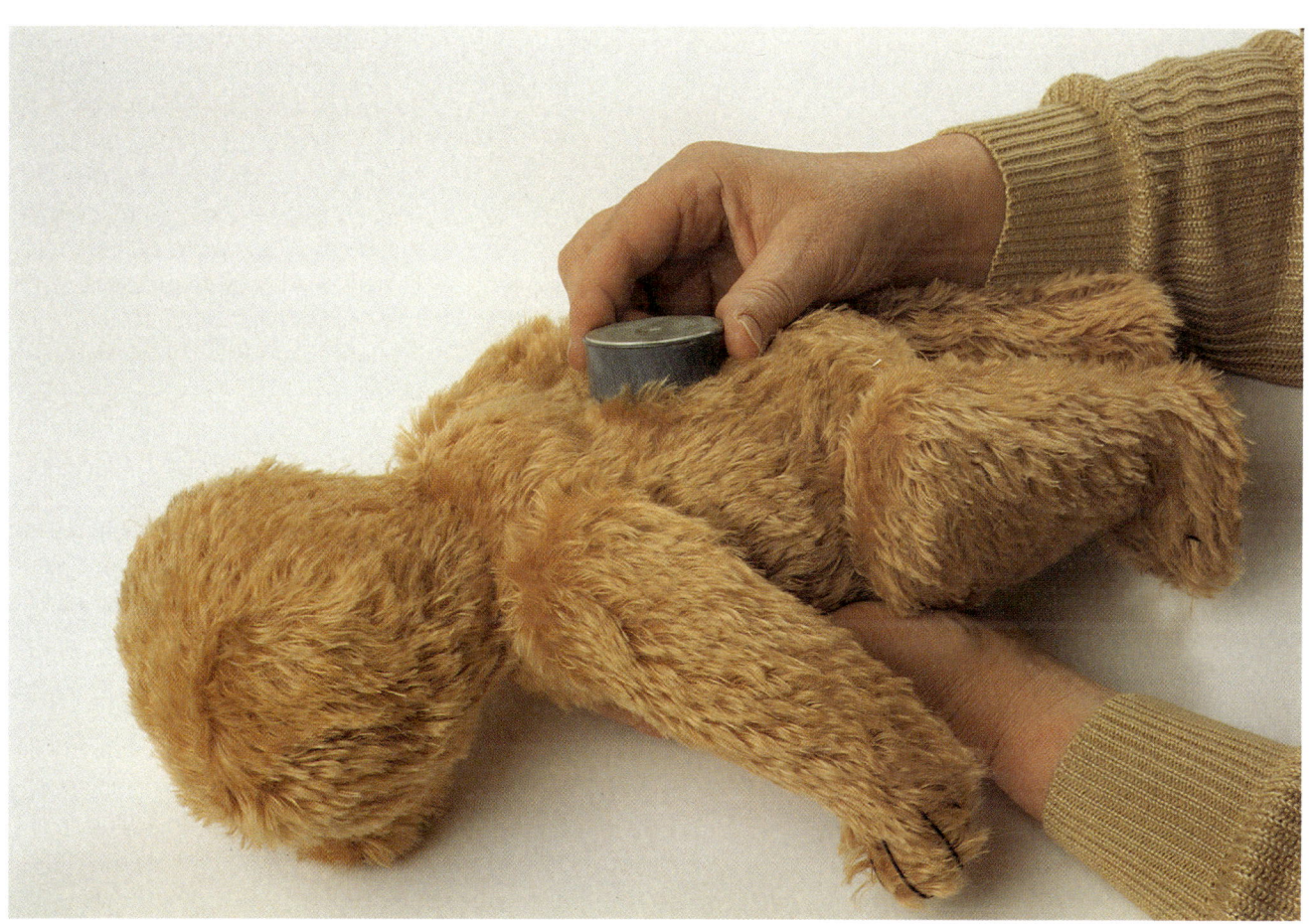

Markieren der Ohren und Augen

Nachdem der Bär soweit gediehen ist, kommt für mich der schönste Teil der Arbeit. Jetzt soll der Bär seinen Ausdruck erhalten. Die zugenähten Ohren werden nur zur Probe mit Stecknadeln am Kopf befestigt (Abbildungen 42 und 43). Als Anhaltspunkt nimmt man den Kopfabnäher. Man sollte verschiedene Plazierungen der Ohren ausprobieren. Hält man sie vor den Abnäher und unterhalb der Stirnnaht, wirkt der Bär behäbiger und älter. Setzt man die Ohren höher und leicht nach vorn gebogen, erscheint der Bär jünger und frecher.

Die Anordnung der Augen ist der nächste Arbeitsgang. Man steckt zunächst zwei dunkle Glaskopfnadeln ersatzweise in die vermeintliche Augenhöhle und probiert auch hier mehrere Möglichkeiten aus (s. Abb. 44).

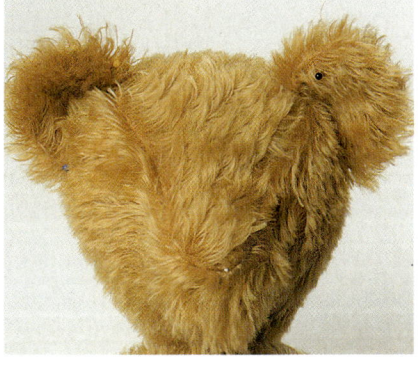

42 Durch die Plazierung der Ohren kann man den Ausdruck des Bären verändern.

43 So sieht er jung und lustig aus.

Mein Tip:
Wenn statt der Glasaugen Kunststoffaugen mit Sicherung verwendet werden, sollte der Kopf provisorisch gestopft werden. Dann kann die Position der Augen festgelegt und diese mit einem Stift angezeichnet werden. Danach wird der Kopf wieder geleert, die Augen fixiert und anschließend der Kopf endgültig gestopft.

44 Bei den Augen
probiert man mit
dunklen Glaskopf-
nadeln auch verschie-
dene Anordnungen
aus.

Befestigung der Ohren und Augen

Hat man den endgültigen Platz für
Augen und Ohren gefunden, der Bär
also sein putziges Aussehen erhalten,
kann mit dem Festnähen begonnen
werden.

Zunächst werden die Ohren mit
Hohlstichen (vgl. Abb. 36) befestigt.
Als nächstes werden die Glasaugen
vorbereitet. Durch die Drahtschlaufe
der Augen zieht man einen starken
Faden und kneift die Schlaufe mit
einer Zange zusammen, so daß ein
Stift entsteht (vgl. Abb. 45). Die beiden Fadenenden werden in eine Polsternadel oder lange Stopfnadel gefä-
delt.

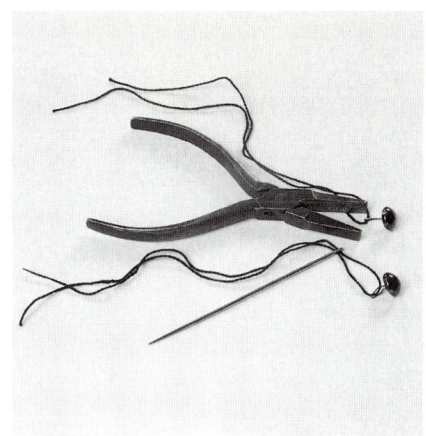

45 Hier erkennt man
die vorbereiteten
Augen: Ein starker
Faden ist eingefädelt
und beim oberen
Auge ist die Draht-
schlaufe bereits zu
einem Stift zusam-
mengekniffen
worden.

An der Stelle der Glasknopfnadel wird mit einer dicken Nadel vorsichtig ein Loch vorgebohrt. Stechen Sie nun mit der Polsternadel in das Loch hinein und lassen die Nadel hinter dem Ohr wieder heraustreten (s. Abb. 46). Dort wird der Faden festgezogen und gut vernäht. Achten Sie darauf, daß beide Augen gleichmäßig festgezogen werden. Jetzt sieht der Bär schon recht lebendig aus!

Mein Tip:

Auch bei der Verwendung von Kunststoffaugen, die ohne Faden befestigt werden, lassen sich Augenhöhlen andeuten. Dazu wird ein starker Faden sehr fest hinten an das Auge geknotet. Dieser wird nun in die Polsternadel eingefädelt und vom Einstichloch im Stoff bis hinter das Ohr geführt. Dort wird der Faden fest angezogen und sorgfältig vernäht.

47–53 Hier einige
Beispiele für Nasen
und Münder, die
schwarz oder dunkel-

braun sein können.
Schon kleine Verän-
derungen zeigen
große Wirkung!

Sticken der Nase und des Mundes

Das Sticken der Nase ist eine weitere
Möglichkeit, einen Bären individuell
zu gestalten. Beim Stöbern in
Büchern über alte Bären fällt auf,
daß fast alle Nasen möglich sind
(vgl. Abb. 47–53). Man sollte auf
einem Reststück vom Bärenstoff
einige Übungen machen und sich
nicht scheuen, eine nicht gelungene
Nase am fertigen Bären auch wieder
aufzutrennen. Meistens sind bei alten
Bären die Fäden der Nase senkrecht
gestickt und rundherum mit Spann-
stichen begrenzt.
Die Mundöffnung wird durch verschiedene Möglichkeiten angedeutet. Die Stickstiche lassen den Bären
freundlich bis traurig erscheinen.

48 ▷

49 ▷

51 ▷

52 ▷

53 ▷

54 Als letzter Schliff werden die eingenähten Haare mit stumpfer Nadel aus den Nähten gezogen.

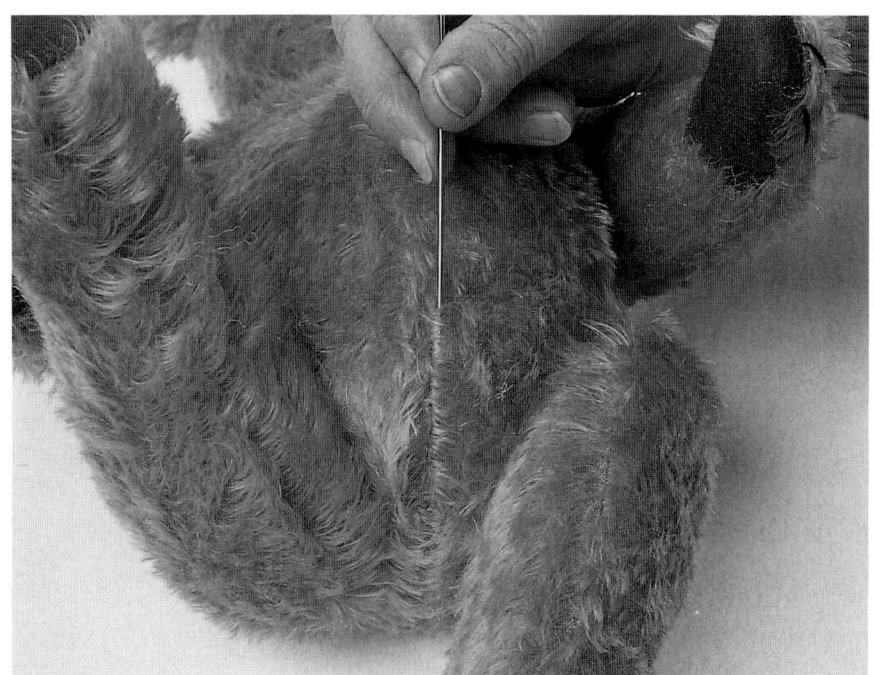

Anregungen zur individuellen Gestaltung

Ist der Bär aus Mohairplüsch genäht worden, kann man die durch Nähte eingezogenen Haare mit einer Nadel vorsichtig herausholen (s. Abb. 54). Dadurch sind fast alle Nähte »unsichtbar«. Zur weiteren Gestaltung des Bären können an Pfoten und Sohlen Krallen durch drei bis vier Spannstiche mit dunklem Garn angedeutet werden.

Nun vielleicht noch eine hübsche Schleife (s. Abb. 55) um den Hals – schon haben Sie Ihren Bären ins Herz geschlossen!

55 Nach mehreren
Stunden und Arbeits-
gängen schauen sie
sich beide staunend
an ...

41

NÄHANLEITUNG FÜR SCHÜRZE, KRAGEN UND HOSE

Ob und wie man einen Bären anzieht, ist sicher Geschmackssache. Wenn sich Ihr Bär gerne in Schürze, Kragen und Hose zeigt, finden Sie im folgenden die Nähanleitungen dazu. Die Schnitte entsprechen in der Größe dem kleinen Bären; für den mittleren und großen Bären können Sie die Schnitte wieder auf 120% bzw. 165% vergrößern.

Die Schürze

- Die Schürze und die Tasche mit 1 cm Nahtzugabe zuschneiden,
- die Träger nach Größe des Bären mit 1 cm Zugabe 2 × zuschneiden,
- die Schürze rundherum mit Formstreifen versäubern,
- die Nahtzugabe der Tasche umschlagen, bügeln und die Tasche auf die Schürze steppen,
- Träger säumen,
- an die Schürze nähen und
- die Druckknöpfe anbringen.

Der Kragen

- Den Kragen mit 1 cm Zugabe 2 × zuschneiden,
- rechts auf rechts legen,
- bis auf den Halsausschnitt rundherum zusammensteppen,
- auf rechts wenden,
- Nähte gut ausstreichen,
- eventuell bügeln;
- die Schrägstreifen 2 cm breit und 2 cm länger als den Halsausschnitt zuschneiden,
- Halsausschnitt damit versäubern und mit einem Knopf verschließen.

Die Hose

- Die Hose 1 × und 1 × gegengleich zuschneiden,
- den Latz 2 × zuschneiden,
- die Träger nach Maß 2 × zuschneiden,
- alles mit 1 cm Zugabe,
- die Hosenbeine unten säumen,
- beide Teile rechts auf rechts legen,
- die hintere Naht von ▲ bis △ schließen,
- die vordere Naht von ▲ bis oben schließen,
- die inneren Beinnähte in einem Arbeitsgang schließen,
- den Latz an drei Seiten rechts auf rechts steppen, verstürzen und bügeln,
- den Hosenbund auf entsprechende Weite in Falten legen und umsäumen,
- den Latz versäubern und aufsteppen,
- die Träger säumen und an den Latz nähen.

56 Auf den Seiten 44–48 sind die Schnitte für Hose und Kragen abgebildet. Sie sind großzügig bemessen, so daß die Teile auch bei Bären passen, die ein dickes Fell bekommen haben.

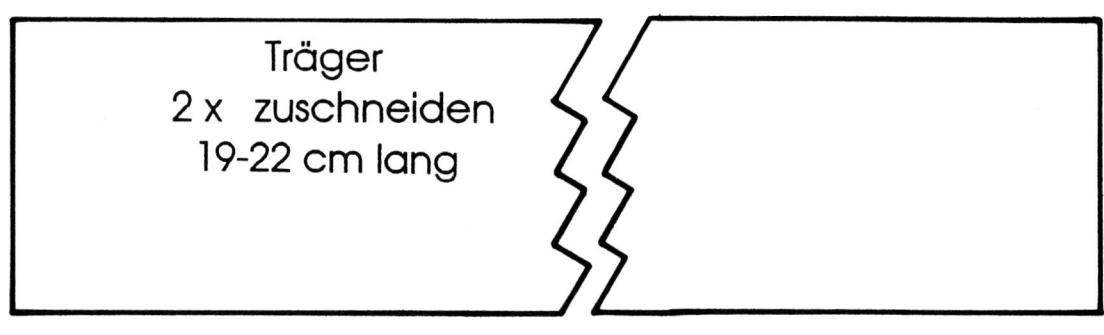

Träger
2 x zuschneiden
19-22 cm lang

Tasche

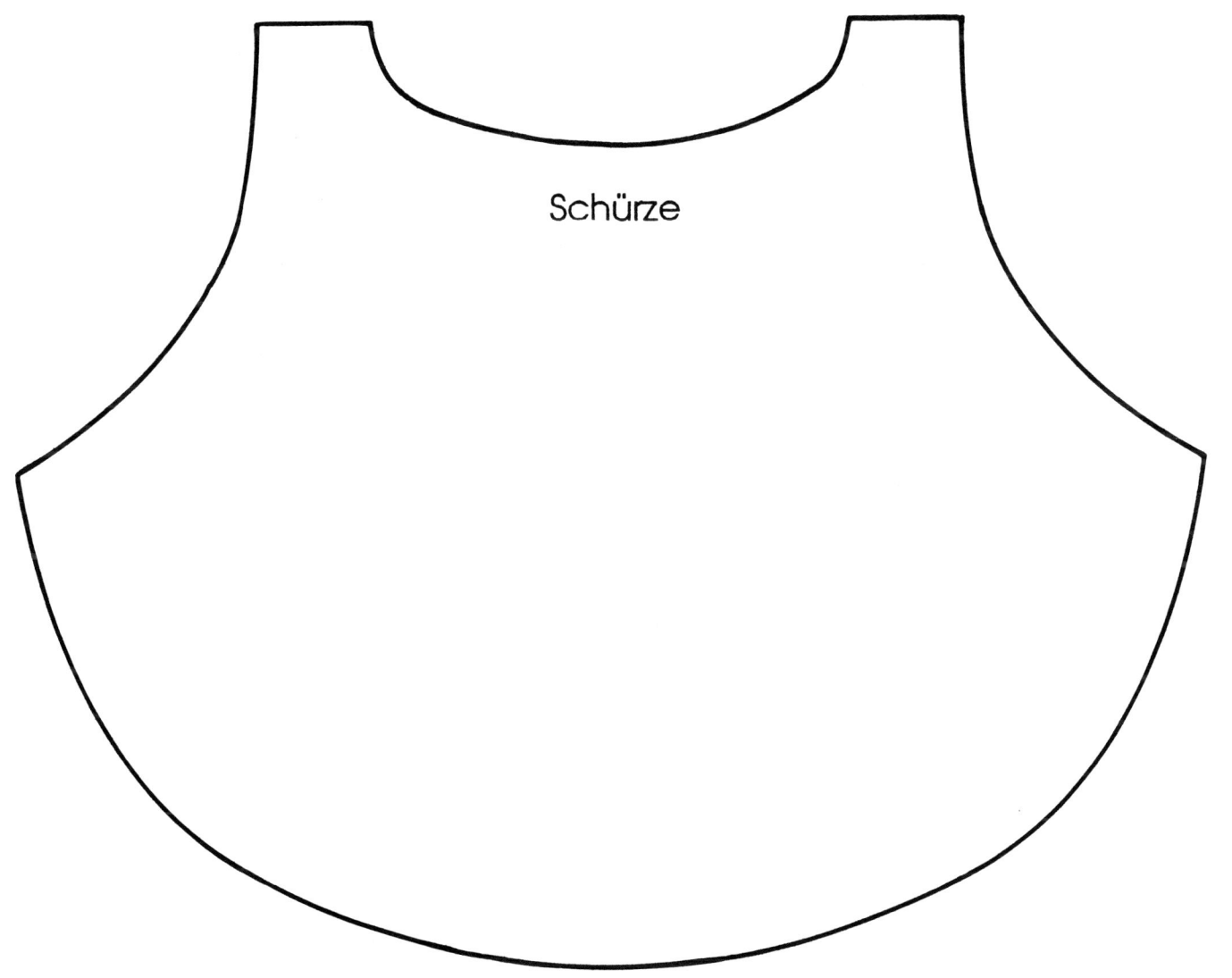

Schürze

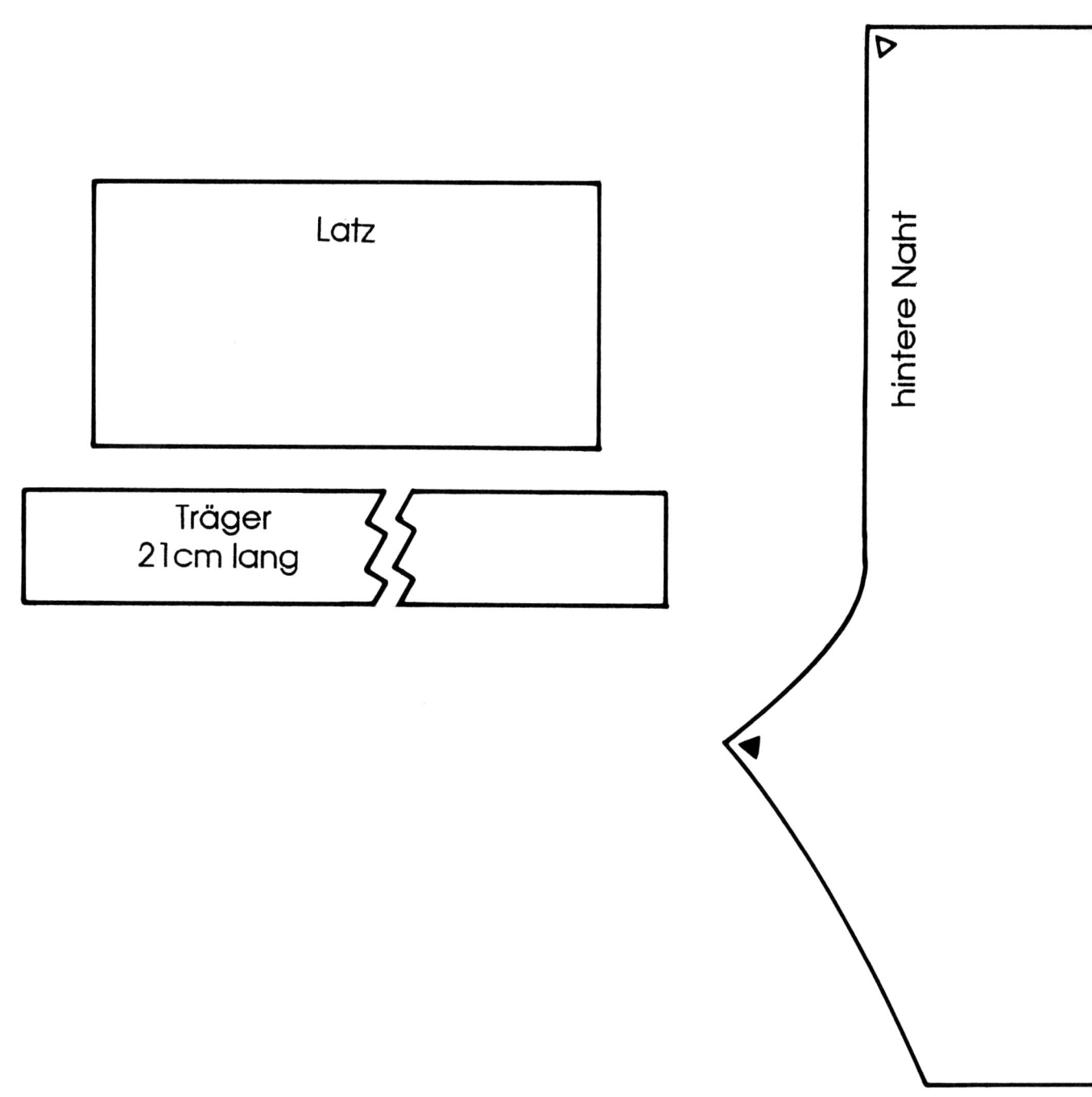

Latz

Träger
21cm lang

hintere Naht

oben

Hose
1 x und 1 x gespiegelt zuschneiden

vordere Naht

▼

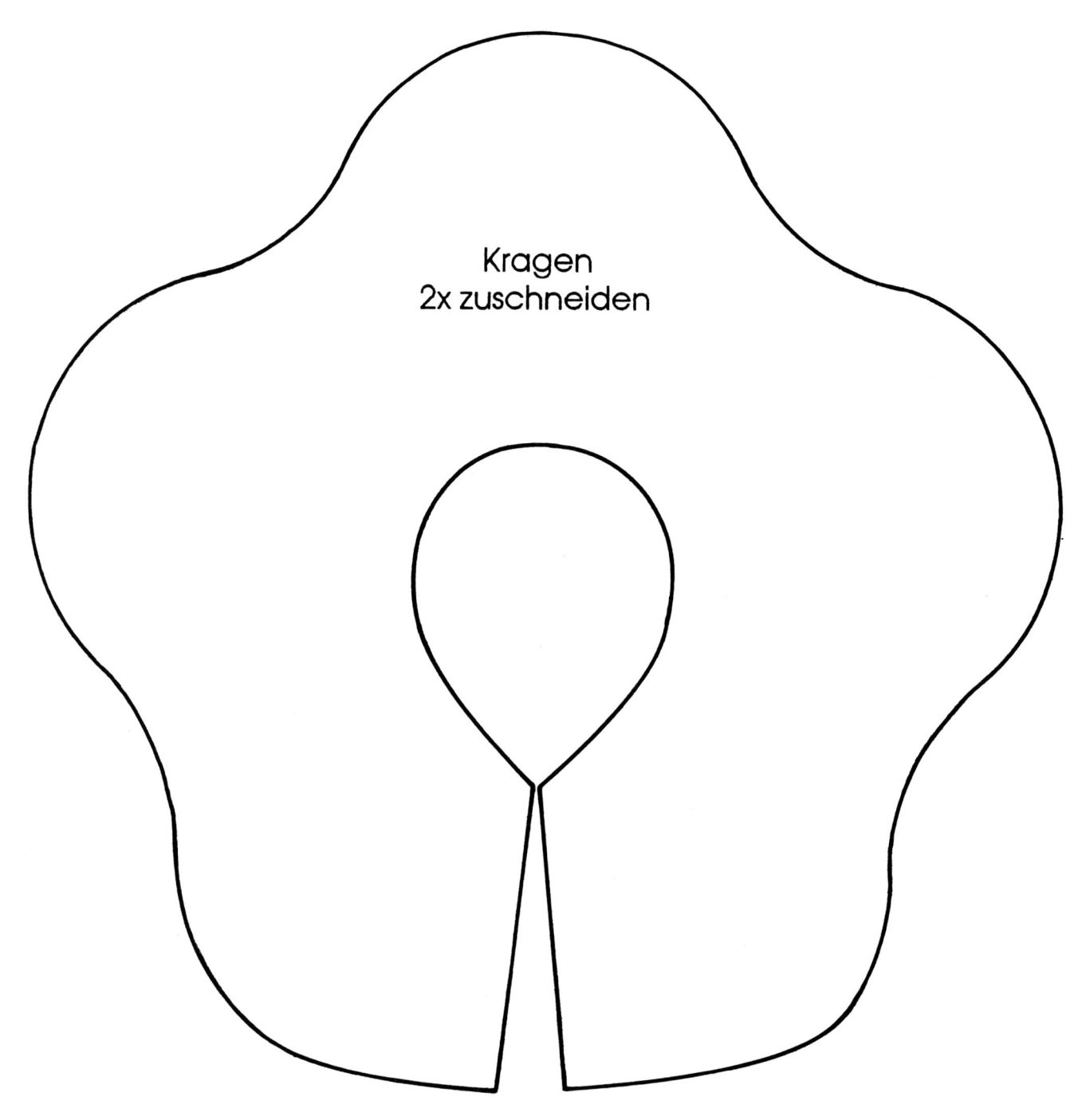

Kragen
2x zuschneiden

EINIGE BÄREN
STELLEN SICH VOR

57 »Hallo, ich bin Frank!«

58 Hier in voller
Größe von 58 cm;
mein Fell ist aus locki-
gem Mohairplüsch.

59 »Und, was sagen
Sie zur neusten Haute
Couture für Bären?!«

60 Unser Kleinstes: Blaubärchen ist 35 cm groß und aus grau- blauem Mohair- plüsch.

61 »Endlich ge-
glückt!«, es war ein
hartes Training.

62 »Hi, ich bin Oli. Ich bin 45 cm groß, aus goldbraunem Mohairplüsch und – Schwarm aller Frauen!«

64 »Nicht umdrehen!
Vorsicht Kamera!«

65 Olis Hose paßt
auch Jürgen. Er ist
46 cm groß und aus
kurzhaarigem gelbem
Mohairstoff.

66 »Gestatten, Worki: 46 cm groß, auffallend kleine Augen (vom vielen Arbeiten!) und aus Langhaar-Mohairplüsch.«

67 Worki mit seiner Freundin Bommelchen.

68 »Ich bin Bommel-chen, die Freundin von Worki; ich messe immerhin 35 cm, habe schwarze Schuhknopfaugen und bin aus weißem Rohmohairstoff.«

69 Ein Foto für das Familienalbum: hinten links: Mutter Bär; hinten rechts: Vater Bär; beide sind 45 cm groß und aus Lamawollstoff; hinten Mitte: Vetter Tom, 45 cm groß und aus Baumwollplüsch; vorn sitzend: Oli (im Schottenrock) und Jürgen.

70 Der letzte Auftritt vor der Kamera – mit extra feschen Brummern!

71 Das war's. Vater Bär schließt die Werkstatt.

72 Endlich ist es soweit! Onkel Frank aus Kanada ist angekommen! Familie Bär freut sich riesig. ▷

ONKEL FRANK
AUS KANADA

73 Onkel Frank möchte wissen, wo seine Vorfahren herkommen. Darum schlägt Vater Bär einen längeren Ausflug vor, bei dem sie auch eine echte Bärenwerkstatt besuchen wollen.

74 Mutter Bär packt einen Picknickkorb mit leckeren Sachen. Das Spielzeug muß natürlich auch mit!

65

75 Am nächsten Morgen geht es früh mit dem Teddyexpreß los! Mutter Bär hat ihren schönsten Hut auf!

76 In der Bärenwerkstatt wundert sich Mutter Bär über den großen Trichter. Sowas kennt sie sonst nur aus der Küche. ▷

66

77 »Sind wir auch aus sowas ge-macht?«, fragen die Kleinen und staunen über die große Schere.

78 Vater Bär und Onkel Frank bestau-nen die vielen ver-schiedenen Bären-augen in einem Regal. ▷

79 Ein schöner, aber anstrengender Ausflugstag ist zu Ende. »Endlich wieder zu Hause«, sagen die Kinder.

80 Erschöpft schläft Blaubärchen auf dem Sofa ein und träumt von … ▷